COLECCIÓN **LEER EN ESPAÑOL**

D0375746

La ciudad de los dioses

Luis María Carrero

español

Santillana
Universidad
de Salamanca

La colección LEER EN ESPAÑOL ha sido concebida, creada y
diseñada por el Departamento de Idiomas
de Santillana Educación, S. L.
El libro *La ciudad de los dioses* es una obra original de **Luis M.ª Carrero**
para el Nivel 2 de esta colección.

Edición 1991
Coordinación editorial: **Silvia Courtier**

Edición 2008
Dirección y coordinación del proyecto: **Aurora Martín de Santa Olalla**
Actividades: **Lidia Lozano**
Edición: **Aurora Martín de Santa Olalla, Begoña Pego, M.ª Antonia Oliva**

MARCO HISTÓRICO

La ciudad de los dioses es una novela basada en hechos históricos. Relata la conquista de México por Hernán Cortés, en tiempos del emperador Carlos I de España y V de Alemania.

Entre los protagonistas de la obra, solo el personaje de Francisco de Alcaraz es ficticio.

* * *

1492 *Cristóbal Colón descubre América.*

1504 *Cortés sale de España para ir a La Española, hoy Santo Domingo. Desde allí parte a la conquista de Cuba, a las órdenes de Nicolás de Ovando y de Diego Velázquez de Cuéllar.*

1518 *Juan de Grijalva descubre las costas mexicanas. Hernán Cortés sale de Cuba hacia el Yucatán con la misión de reconocer estos territorios.*

1519 *En Tabasco, los españoles vencen a los indios. Reciben muchos tributos de guerra, entre ellos la célebre india Malinche.*
Cortés se marcha a San Juan de Ulúa y funda Villarrica de la Vera Cruz. Se alía con los totonacas de Cempoala y con los tlaxcaltecas contra los aztecas. Los españoles conquistan Cholula, en el interior de México, y llegan a Tenochtitlán —más tarde Ciudad de México—, donde son bien recibidos.

1520 *Los aztecas se rebelan contra los españoles porque no respetan sus ritos religiosos. Los españoles abandonan Tenochtitlán en la llamada «Noche Triste» (30 de junio-1 de julio).*

1521 *Tenochtitlán cae por segunda vez en poder de los españoles.*

1522 *Carlos I nombra a Cortés gobernador y capitán general de todo el país de México, entonces llamado Reino de Nueva España.*

CORTÉS
Y LA CONQUISTA
DE MÉXICO

Mar Caribe

CUBA

Tenochtitlán

Maxcala   Cempoala

Veracruz
Cholula   S. Juan
de Ulúa

TABASCO

OCÉANO PACÍFICO

I

Santiago de Baracoa, 2 de enero de 1518

Hoy hace cinco años que he llegado a Cuba... y ya me parece que siempre he vivido aquí. ¡Qué largos pueden ser cinco años! Pienso en España, en su gente, en mi familia. Casi no consigo recordar sus caras o sus nombres. Y, de repente, me siento muy viejo; nunca voy a ver mi país otra vez, estoy seguro. Nunca más.

Pero no puedo estar triste por ello. La vida en España no era fácil para mí.

No han sido malos estos años. Muchos españoles han venido a América con una sola idea en la cabeza: ser ricos, ganar montañas de dinero. Yo no lo he conseguido, es verdad; pero sí creo que he tenido suerte. Desde hace tiempo trabajo como secretario de don Hernán Cortés, un famoso personaje de la isla[1]. Cuando voy por la calle, la gente me saluda, y dice: «Ahí va Francisco de Alcaraz, el secretario». Así es como todos me conocen. Y eso sí es importante para mí, mucho más importante que el dinero.

Cortés es un hombre muy especial. Cuando vino a América era joven y pobre, pero tenía muchas ganas de trabajar. Luego encontró a doña Catalina, su mujer, la hija de un rico señor de aquí. Así que ahora es amigo de las personas más importantes de la isla. Muchas veces, cuando no sabe qué hacer en los asuntos más difíciles, el gobernador[2], don Diego Velázquez, le pregunta a él. Velázquez sabe que Cortés es inteligente, pero también ha tenido muchos problemas con él. Y es que a Cortés le gusta dar grandes fiestas y tener aventuras con otras mujeres. Con ellas gasta todo su dinero. La verdad es que la pobre doña Catalina no tiene nada especial...

Yo quiero mucho a Cortés. Además, ya soy casi un amigo para él. Hablamos muchas veces. Me cuenta sus ideas y sus problemas, y siempre escucha mis consejos. Por eso lo conozco bien. Mi señor lo tiene todo, es verdad, pero no es bastante. Él quiere más. Esta isla es demasiado pequeña para un hombre como Cortés.

Y él sabe que yo pienso igual. Yo y muchos otros hombres, después de todo este tiempo, estamos cansados de la vida en Cuba –tan tranquila, tan parecida a la de España–... Cinco años no es un precio demasiado alto para mí; pero no más tiempo. Hoy me doy cuenta de que pronto todo tiene que cambiar.

7 de enero de 1518

De repente, nos despiertan algunos gritos. Todavía es de noche, pero puedo oír ruido de gente por las calles. Rápido, voy hacia la ventana.

–¿Qué ocurre? –pregunto a un hombre que pasa por allí.

–¡Los barcos de Alaminos están en el puerto!

¡Alaminos! Su nombre cruza toda la ciudad. De repente, alguien abre la puerta de mi cuarto[3] y aparece Hernán Cortés.

–Deprisa, Francisco. Al puerto.

Cogemos los caballos. Cuando llegamos al puerto ya es de día, y vemos a muchas personas correr hacia dos barcos. De ellos bajan algunos hombres. Casi no pueden andar, vienen heridos. Todos los ayudan. Nadie sabe cómo lo han conseguido, pero al fin han vuelto a casa.

Y es que aquí, en Cuba, todos pensábamos que estaban muertos. Hace varias semanas, Alaminos y otros hombres salieron de Cuba con tres barcos, a buscar nuevas tierras al otro lado del mar. Ahora solo vuelven dos barcos. Parece que muchos han muerto en esta aventura. Poco después llega el gobernador Velázquez. Mi señor lo saluda, y suben los dos juntos a uno de los barcos. Allí los espera Alaminos para contarles las noticias de su viaje.

Por la tarde todos en la isla conocen ya esas noticias. Los hombres dicen que los barcos han encontrado una nueva ciudad, rica y hermosa, llamada Gran Cairo. De allí han traído algunas joyas y oro. Esta noche, estoy seguro, muchas personas en Cuba van a soñar con el oro de los indios[4].

23 de agosto de 1518

Ya ha vuelto la segunda expedición[5]: cuatro barcos esta vez, con su jefe, el joven Juan de Grijalva. Grijalva ha llegado a otra ciudad de los indios, Tabasco, y allí ha comprado muchas cosas de oro. Detrás de la ciudad, cuentan sus hombres, hay montañas muy altas, llenas de nieve. Y los indios les han dicho que, al otro lado de esas montañas, entre bosques sin fin, está el país de los aztecas[6]. Muchos de ellos viven en una ciudad de oro, amarilla como el sol, que se levanta en el centro de un hermoso[7] lago[8].

29 de agosto de 1518

Estas noticias han cambiado la vida en Cuba. Nadie habla de otra cosa: hay que conquistar[9] el país de los aztecas. Sabemos que Velázquez prepara una nueva expedición. ¿Quién va a ser su jefe? Muchos hombres importantes quieren serlo, pero el gobernador todavía no lo ha decidido. Quizás por eso mi señor está tan nervioso. Ha olvidado las fiestas, el juego, las otras mujeres (a la suya hace ya mucho tiempo que la olvidó). Él siempre me ha contado sus problemas; pero ahora vive en silencio y está casi todo el día metido en su cuarto de trabajo. No sé bien qué está haciendo, ni tampoco qué va a pasar. Pero Cortés, estoy seguro, piensa que su hora ha llegado.

nbre de 1518

Cortés parece alegre y de buen humor. Después de cenar salimos los dos a la terraza. Hace calor, como todas las noches en el Caribe. Mi señor se ha sentado en una gran silla y yo estoy de pie, a su lado. Me gusta escuchar el silencio del jardín por la noche.

–¿Por qué no estás casado, Francisco? –pregunta Cortés de repente.

–Todavía no he encontrado a nadie, señor –le contesto, un poco tímido.

–Ah, no te creo –y empieza a reír–. ¿No conoces a ninguna mujer bonita?

–Quizás no.

–Eres un hombre raro, Francisco.

No digo nada. La noche es demasiado bonita para hablar de cosas tristes.

–No tienes mujer ni amigos –sigue Cortés–. No tienes campos, ni una casa, ni tampoco mucho dinero. Dime entonces, ¿para qué has venido a América? ¿Y por qué te quedas aquí?

–Yo busco las mismas cosas que tú, señor. Las mismas cosas que todos buscan.

–¿Y eso qué es, Francisco?

–Algo nuevo. Algo diferente al mundo que conocemos. Una vida nueva, quizás.

–Sí, estoy de acuerdo –dice Cortés en voz[10] baja.

Luego se levanta y entra en la casa.

Yo me quedo en la terraza. Una hora más tarde, oigo otra vez a Cortés cerca de la puerta.

–Esta mañana he hablado con el gobernador Velázquez –dice muy despacio–. He visto el oro que consiguió Juan de Grijalva. Está organizando otra expedición hacia las nuevas tierras y yo voy a ser su jefe. Eres el primero que lo sabe.

Los dos callamos un momento.

–Y tú, Francisco. ¿Quieres venir conmigo?

–Lo sabes muy bien, mi señor. ¡Es el viaje que más deseo en el mundo!

Y Cortés ríe mientras vamos a nuestras habitaciones. Esa noche, por fin, sueño con un mundo diferente, nuevo para mí.

7 de noviembre de 1518

Hay problemas. Esta mañana ha venido a casa el gobernador Velázquez y ha estado con Cortés, en su cuarto de trabajo, más de cinco horas. Cuando entré para llevarles la comida, mi señor paseaba de un lado a otro de la habitación, bastante nervioso. Poco después han empezado los gritos y he oído a Velázquez salir muy deprisa de la casa.

Cortés me llama; está muy enfadado, nunca lo he visto así. «¡Velázquez es un grandísimo idiota!», me dice en voz alta, mientras le pongo un vaso de vino frío sobre la mesa. Lo bebe, y luego parece ya más tranquilo. Entonces me explica qué ocurre.

–¿Sabes qué quiere Velázquez? Dice que solo tengo que viajar hasta las nuevas tierras, conocer mejor sus playas y sus puertos, y volver a Cuba enseguida. ¡Sin conquistar el país azteca! ¡Se guarda la conquista para él!

Ahora sabemos que ha mandado hombres a España para hablar con el Rey. Y es que Velázquez quiere ser gobernador del nuevo gran país, antes de conquistarlo. Pero Cortés tiene una idea muy diferente. Hay que hacer algo. A su vuelta de España, esos hombres no deben encontrarnos aquí. Y cuando dice esto, sus ojos negros tienen una luz extraña. Ha llegado el momento de la verdad.

18 de noviembre de 1518

Y así ocurre. Es todavía de noche; estamos en el puerto y la gente de la expedición llega en silencio a los barcos. Nadie hace ruido. Toda la ciudad duerme tranquila.

Cuando sale el sol, los hombres han subido ya las armas y la comida dentro de cada barco. No podemos perder más tiempo. Cortés dice entonces unas palabras a los hombres: «Dios está con nosotros, y con su ayuda vamos a tener suerte en esta gran aventura».

Todos parecen alegres y seguros. El viaje puede empezar.

Ya salen los barcos hacia el mar abierto, cuando oímos el ruido de muchos caballos; son Velázquez y sus guardias, que están llegando al puerto. Pero es tarde, demasiado tarde para él. Y allí se queda el gobernador, allí se queda Cuba, lejos, muy lejos, perdida entre el mar y el cielo. Entonces Cortés me mira y sonríe. Ahora la conquista es por fin nuestra.

II

12 de marzo de 1519

Es una tarde tranquila. Después de veinte días de viaje, escuchamos por fin ese grito que tanto hemos esperado: ¡tierra!

Desde el barco vemos algo oscuro, cada vez más grande, entre el mar azul y el naranja del cielo. Allí, detrás de los árboles y de las montañas, a la entrada de un gran río, se levantan una ciudad y su puerto.

Está cayendo la noche y casi no hay luz. Debemos esperar en los barcos hasta mañana para entrar en la ciudad. Así lo ha decidido mi señor. Todos pensamos en el día que nos espera. Tampoco duermen los indios en la ciudad, estoy seguro...

13 de marzo de 1519

Por fin sale el sol y podemos ir a tierra, a una playa blanca como la nieve. Cuando bajamos de las barcas[11], me doy cuenta de que mi señor está muy emocionado[12]. Todos los hombres esperan en silencio. Entonces Cortés levanta su espada[13] hacia el cielo, y dice: «Desde hoy, estas tierras son del Rey de España».

Pero el peligro está cerca. De nuestros barcos llegan más hombres con caballos, armas y comida. Lejos, entre los árboles, podemos ver la ciudad y mucha gente que corre de un lado a otro. Son cientos de

Entonces Cortés levanta su espada hacia el cielo, y dice: «Desde hoy, estas tierras son del Rey de España».

indios, muchos más que nosotros, que vienen muy deprisa por el lado del gran río. Nos miramos unos a otros muy nerviosos. Solo Cortés parece tranquilo: ha puesto todos los caballos juntos, al lado de los cañones[14], y espera en silencio. Cuando los indios ya están cerca, uno de ellos da un gran grito; los otros levantan sus armas de madera[15] y empiezan a correr hacia nosotros.

–¡Ahora! –dice Cortés–. ¡Disparad[16] los cañones!

Hay una gran explosión[17] y los caballos saltan asustados sobre los indios. Ahora entiendo el plan[18] de Cortés: los indios no han visto caballos en toda su vida. Tampoco han oído nunca el ruido horrible de los cañones, que los llena de miedo. Algunos caen al suelo, lloran y gritan; otros se pierden entre los árboles del río. Tres explosiones más y no queda ningún indio en la playa.

14 de marzo de 1519

Esta mañana, cuando los indios vuelven, todo es muy diferente. Con los hombres de ayer vienen ahora los viejos, las mujeres y los niños. Andan muy despacio, unos detrás de otros, en silencio, con la cabeza baja. Cortés sale a recibirlos. Tres jóvenes ponen regalos[19] a sus pies, oro sobre todo. Nuestros hombres sonríen llenos de alegría. El peligro ha pasado, la ciudad ya es nuestra. Ahora empieza la conquista.

Pero todavía hay más sorpresas[20]. De entre los indios sale de repente un hombre de pelo blanco, con ropas muy viejas, ¡un español! Lo miramos asustados mientras él nos saluda emocionado y llora de alegría. Su nombre es Jerónimo de Aguilar, explica luego. Es uno de los hombres de Grijalva que se perdieron durante aquella expedición. Algunos de nuestros hombres lo conocen bien: eran amigos en Cuba. Aguilar ha vivido en Tabasco todo este tiempo, con los indios, y ahora habla, además, un poco de su lengua.

Aguilar va a ser una gran ayuda para nosotros. Gracias a él podemos entender las palabras del jefe de los indios. Estos han traído veinte mujeres jóvenes, algunas muy hermosas, que se sientan, tímidas, delante de Cortés. Mi señor no entiende. No sabe qué hacer. No le gusta verlas sentadas ante él. Aguilar le explica que son un regalo especial del jefe indio. Él y su pueblo creen que Cortés es un dios.

–No podemos decir que no –le digo a Cortés en voz baja–. Los indios de Tabasco son ahora nuestros amigos. Es mejor llevarnos a las mujeres con nosotros.

Y así volvemos a nuestros barcos, con las veinte indias y el oro del dios Cortés.

23 de abril de 1519

Estas últimas semanas, hemos vivido en las playas de San Juan de Ulúa, un poco al norte de Tabasco. A un lado el mar, al otro altísimas montañas. El calor es horrible y muchos hombres empiezan a sentirse enfermos.

Aquí nos visitan por primera vez los indios aztecas. Vienen en nombre de su rey, el gran Moctezuma, con preciosos regalos para Cortés. Son amables, demasiado amables quizás. Todo en ellos nos parece maravilloso: sus hermosas ropas, su lengua, que parece música, las historias que nos cuentan de su pueblo... Ahora, por fin, vemos la verdad. El país que queremos conquistar no es pequeño ni pobre. Es un país más rico y fuerte que muchos países de Europa. Y así, los aztecas, con sus amables regalos, han traído también el miedo a muchos de nuestros hombres.

21 de junio de 1519

Cuando salimos de Tabasco, Cortés decidió dar una de las indias a cada jefe de la expedición. Para su mejor amigo, Hernández de Puertocarrero, fue una joven muy especial, diferente a todas las otras, y no solo por ser tan hermosa. Los indios la llaman la Malinche, que quiere decir mujer del jefe español. Aguilar nos cuenta que es una importante señora, hija de un jefe indio. Conoce además la lengua azteca, y eso puede ser una gran ayuda para nosotros. Ahora quiere aprender español, y ya sabe algunas palabras. Viste como española y viene a la iglesia con nosotros, como buena católica. Pero ¿por qué quiere olvidar todo su pasado tan deprisa? Hay algo que no puedo entender de esta mujer, algo extraño que no me gusta.

Si me preocupa tanto la Malinche es solo por mi señor. En las últimas semanas ha trabajado mucho: cerca de San Juan se levanta ya la Villarrica de la Vera Cruz, primera ciudad española en México. Pero ahora mi señor parece haberse olvidado de todos y de todo; solo piensa en la Malinche. Hoy me doy cuenta de que ha perdido la cabeza por ella. Solo va a seguir sus consejos. Y hay algo todavía peor: ella conoce su poder y usa a Cortés para conseguir todas las cosas que quiere. Y ella quiere ser la mujer de mi señor.

10 de julio de 1519

La mañana de hoy ha sido muy triste. Cortés ha dado una orden[21] especial a Puertocarrero: tiene que viajar a España para hablar con el Rey y explicarle nuestra aventura. Puertocarrero está enfadado, no entiende la orden de Cortés. Pero no puede hacer otra cosa. En pocos días, sale un barco hacia España y debe irse en él. Así, de esta manera tan sucia, vamos a perder a uno de nuestros mejores hombres, al mejor amigo de mi señor.

26 de julio de 1519

La noche antes del viaje, la Malinche ha dejado a Puertocarrero y se ha venido a vivir con Cortés. Los hombres hablan de ello todo el tiempo. De repente, parece que aquí nadie está contento, que todo son problemas. Muchos hombres tienen miedo a los aztecas, y es que antes nadie pensaba encontrar indios tan ricos y tan fuertes. Por vez primera hablan mal de Cortés. Recuerdan cómo hemos huido[22]

15

de Cuba; recuerdan la tranquilidad que han perdido por venir a México. El momento es difícil, y Cortés, mi señor, no se da cuenta de ello. Hoy mismo tengo que hablar con él.

30 de julio de 1519

Esta noche hemos descubierto[23] un oscuro plan contra Cortés y contra toda la conquista. Varios hombres han intentado robar uno de los barcos para volver a Cuba, con el gobernador Velázquez. Gracias a Dios, Bernardino de Coria nos avisó enseguida. Pero el peligro sigue: unos por miedo y otros por ser amigos de Velázquez, muchos hombres sueñan con Cuba y con dejar a Cortés.

Es un momento difícil. En casa encuentro a la Malinche, que está hablando con mi señor. La Malinche se va cuando entro yo.

–Ella piensa que hay que matar a todos los hombres que han intentado huir. Dice que tenemos que salir enseguida hacia el país de los aztecas –me explica Cortés con voz triste, triste como nunca lo ha sido.

–Señor –le contesto yo–, son demasiados hombres. No puedes matarlos a todos.

Pero una cosa sí es verdad: hay que salir de aquí.

31 de julio de 1519

A mitad de la noche bajamos con Coria y otros seis hombres a la playa. Allí nos esperan dos barcas. Todo ocurre muy deprisa. Tres horas después, hemos hundido[24] todos nuestros barcos en las negras aguas del mar.

Esta ha sido la solución de Cortés a tantos problemas. Sin barcos, nadie puede volver a Cuba. Solo nos queda una salida: la conquista de los aztecas.

III

7 de noviembre de 1519

El sol se hunde entre las montañas que se pierden poco a poco en la oscuridad. Así, con esta luz, parecen soñar con los viejos dioses mientras se esconden[25] los últimos pájaros. El cielo es rojo como la sangre[26] y pinta todo el campo del mismo color. Es el lugar que, sin saberlo, he buscado toda mi vida.

Abajo, al pie de las montañas, puedo ver la ciudad más hermosa que nunca ha levantado el hombre. Está en el centro de un gran lago, y de ella salen muchos puentes[27] hacia otros pueblos más pequeños. Parece una flor que duerme sobre el agua. Sus casas son bajas y anchas, amarillas como el oro. Todo allí tiene la tranquilidad de los sueños.

Así es Tenochtitlán, la ciudad de los aztecas. Ellos dicen que es la ciudad de los dioses. La ciudad que los dioses han elegido para vivir en la Tierra.

Yo también lo creo. No es posible pedir más. Solo sentir una gran alegría: el viaje ha terminado por fin...

El viaje hasta Tenochtitlán ha sido largo y cansado, pero feliz. En el camino[28] hemos conocido muchos pueblos indios, conquistados por los aztecas. Con nuestra llegada, todos han visto la ocasión de hacerse libres. Por eso, ahora, son nuestros amigos.

Primero paramos en Cempoala, el pueblo de los totonacas y su señor, el Jefe Gordo. Tan gordo es, que no se puede poner en pie. Ha sido una buena ayuda en el viaje a Tlaxcala. Llegamos allí unas semanas después. Es una ciudad hermosa, más grande que nuestra Granada (muchos hombres se acordaban de ella mientras paseaban por sus calles estrechas, entre casas blancas). Allí, los campos son ricos en flores y frutas. Por ellos corre el agua de las montañas en invierno y en verano. Nunca falta. Pero las gentes de Tlaxcala viven siempre preocupadas, llenas de miedo. Toda su vida han luchado[29] contra los aztecas y saben que son más fuertes que ellos. También les dio miedo nuestra llegada porque nos creían amigos de Moctezuma, el jefe de los aztecas. El joven Xicoténcat salió al camino con miles de hombres para intentar matarnos. La lucha duró casi un día, pero al final pudimos ganarla gracias a nuestros rápidos caballos. Después, Cortés le explicó al jefe de Tlaxcala nuestros planes. Le habló de su nuevo señor, el Rey de España, mucho más grande y fuerte que Moctezuma. Desde entonces, los indios de Tlaxcala son nuestros amigos. Nos dan hombres y comida, toda la ayuda que pueden. Quieren vernos pronto en Tenochtitlán.

Pero también ha habido momentos tristes y difíciles en este viaje. En Cholula no nos recibieron bien: nadie salió de sus casas, ningún jefe vino a vernos. Nada más horrible que el silencio de esta ciudad: un silencio que parecía hablarnos de nuestra muerte. Una tarde, la Malinche salió de casa sin decir palabra y volvió poco después, muy deprisa, con nuevas noticias. Esa misma noche, por sorpresa, los indios de Cholula pensaban matarnos. Le pregunté por qué lo sabía, pero no quiso contestarme. Solo quería hablar con Cortés. Lo consiguió, como siempre. Mi señor no escuchó los consejos de los amigos que le pedían tranquilidad. Hizo un rápido plan y avisó a todos los hombres. Primero se ocupó de los jefes indios. Poco más tarde, nuestros cañones salieron a las calles y empezó la lucha. Cinco horas más tarde, casi tres mil indios estaban muertos en las calles. Ahora el silencio de Cholula no nos da miedo. Pero el precio, pienso yo, ha sido demasiado alto.

* * *

Ahora, por fin, estamos a las puertas de la gran ciudad de los aztecas. Mañana vamos a entrar en Tenochtitlán. En el viaje, los hombres de Moctezuma nos han visitado varias veces, siempre con ricos regalos y amables palabras. ¿Por qué? ¿Por qué no han luchado contra nosotros? Saben que son más fuertes; ¿a qué tienen miedo? ¿Y por qué nos ha sido tan fácil llegar hasta aquí?

Todavía hay más preguntas. Pienso en la Malinche y en los miles de indios, hermanos suyos, que han muerto por la expedición. Esas vidas no le parecen importantes; solo le interesa Tenochtitlán. No puedo entender por qué nos ayuda de esta forma. Es una mujer dura, llena de odio[30]. ¿Qué quiere conseguir?

8 de noviembre de 1519

Por fin salimos de Iztapalapa, un pueblo al pie del gran lago. Vamos por un ancho puente que nos lleva sobre el agua hacia Tenochtitlán. A los lados del camino miles de personas esperan para saludarnos, y otras muchas lo hacen desde cientos de barcas. Nunca hemos sentido nada igual. Delante de todo aquello, emocionados, sentimos que se nos rompe el corazón[31]. Solo somos cuatrocientos españoles en aquel puente, entre el agua y el cielo, camino de Tenochtitlán, la ciudad de los dioses. Sin saber qué va a pasar, pero sin miedo.

A la entrada de la ciudad, nos esperan los jefes aztecas. Cuando ven a Cortés, ponen una mano en tierra y besan[32] el suelo. Detrás viene el gran Moctezuma, sentado en una silla de oro que llevan varios hombres. Su traje está hecho de joyas. Cuando se levanta parece robarle al sol toda su luz. Cuatro señores lo llevan del brazo delante de Cortés. Mi señor baja del caballo y llama a la Malinche a su lado porque solo ella puede saludar a Moctezuma en su lengua. Y así lo hace en nombre de Cortés. No se dan la mano. Nadie puede tocar al rey de los aztecas. Después de saludar a los españoles, Moctezuma vuelve a la ciudad en su silla de oro. Su hermano Cuitláhuac viene con nosotros para llevarnos a nuestra casa. En las calles hay mucha gente y casi no podemos andar. Al final llegamos a un edificio muy hermoso y grande. Allí encontramos cómodas camas y largas mesas llenas de comida. «Ahora es mejor descansar –dice Cuitláhuac–, mi señor os espera esta noche en su palacio[33].»

El palacio de Moctezuma no está muy lejos de nuestra casa. En un grandísimo salón nos espera el rey con todos los hombres importantes de Tenochtitlán. Allí están Cuitláhuac, su hermano; el joven Cuauhtémoc, hijo de reyes, al que Moctezuma quiere como a un hijo; los tres grandes sacerdotes[34] Oaxaca, Antlximal y Auarsepec, tal vez las personas más fuertes de la ciudad después del rey. Cuando entra Cortés, todos ellos, y también Moctezuma, ponen otra vez la mano en tierra y besan el suelo. El rey se levanta para hablar. Los aztecas bajan la cabeza: no pueden mirar la cara de su rey.

–Hace mucho tiempo que os esperamos –dice Moctezuma; su voz es dulce y suave, como la voz de una mujer–. Hoy por fin volvéis a nuestra casa. He guardado para vosotros el oro de los aztecas, como siempre lo han guardado los reyes de esta ciudad. Sabemos que nuestro pueblo no es de esta tierra. Sabemos que venimos de un mundo extraño, cerca del sol. Tú, mi señor –y mira entonces a Cortés–, has venido ahora de ese mundo, que siempre ha sido tuyo, a tomar tus tierras. Desde hace días, miro al cielo y busco tu cara en él. Busco tus ojos que nos miran con la luz del sol. Ahora veo que no es un sueño: nuestros padres nos contaban la verdad en sus historias. Esta es tu casa, y nosotros somos tus hermanos. Habéis andado un camino muy largo. Aquí podéis descansar.

Mi señor llama a la Malinche a su lado porque solo ella puede saludar a Moctezuma en su lengua. Y así lo hace en nombre de Cortés.

Nunca he escuchado palabras más hermosas. Por fin, puedo contestar a todas las preguntas que hasta ahora me han preocupado. Ellos creen que Cortés es su dios. Por eso nos han abierto las puertas de su ciudad.

Cuando Moctezuma termina de hablar, los tres sacerdotes se levantan y caminan muy despacio hacia el final del salón: allí, unos jóvenes los esperan. Todos llevan largas ropas negras y el pelo muy largo. Luego vuelven y se paran delante de nosotros.

Cada uno de ellos trae una copa y un plato ancho. Auarsepec, el sacerdote más viejo, levanta la copa al cielo y canta algo en voz baja. Después le da la copa a Cortés: tiene que beber de ella.

—¡Dios mío! —dice Cortés después de mirarla—. Esto es sangre.

—Es la sangre de un hombre joven —explica Aguilar—. Auarsepec dice que lo han matado ahora mismo para nosotros.

De pronto, la Malinche da un grito y deja caer la copa, que se rompe contra el suelo. Luego sale del palacio sin decir palabra. Cortés se levanta para hablar. Todos los aztecas parecen muy nerviosos.

—Desde hoy —dice mi señor— no va a haber más sacrificios[35] en Tenochtitlán. No conozco vuestra religión; pero el dios de verdad, el que yo sí conozco, no quiere más sangre de los hombres.

—¿Cómo puedes decir eso? —pregunta Oaxaca, otro de los sacerdotes—. Los dioses siempre han bebido la sangre de los hombres. ¿No eres tú un dios? ¡Pues bebe!

—Tal vez estamos equivocados —dice entonces Moctezuma con su extraña voz de mujer—. Solo seguimos los consejos de nuestros padres. Pero tú..., tú vienes del cielo. Tú debes saber qué les gusta a los dioses.

—En la sangre está la vida de los aztecas —contesta Antlximal, muy enfadado—. Gracias a ella somos fuertes. Gracias a ella, los dioses nos sonríen. Así ha sido siempre y así tiene que ser.

—En mi nombre, en el nombre de este dios que os habla —dice

Cortés con voz fuerte–, yo os prohíbo hacer estos horribles sacrificios. No quiero más sangre. Esta es mi última palabra.

–Tú eres nuestro señor –contesta Moctezuma con la cabeza baja–. Tiempo hay para hablar de todo. Ahora vamos a cenar tranquilos y alegres.

¿Alegres? La comida, el palacio, la noche clara, todo es maravilloso, pero mi corazón está triste. También Cortés parece preocupado. En una esquina del salón los sacerdotes hablan con varios hombres importantes. ¿Todavía creen que Cortés es un dios?

13 de noviembre de 1519

Cada día que pasa me siento más lejos de mis hermanos los españoles. Trabajan mañana y noche para encontrar más oro en tierras de Moctezuma. Mi señor y yo hablamos ya muy poco. Ahora solo escucha los consejos de la Malinche y los de su nuevo amigo, Alvarado.

Yo paso casi todo mi tiempo en la ciudad. En cada esquina descubro algo extraño y maravilloso y, así, emocionado, consigo olvidar todos los problemas. Paseo horas y horas por las calles. Algunas son de agua, como en Venecia, y por ellas entran las barcas hacia la gran plaza, hacia el mercado. Allí van cada día más de sesenta mil aztecas. No hay lugar parecido en todo el mundo. Nunca he visto comprar y vender tantas cosas.

En estos paseos, casi siempre viene conmigo Jerónimo de Aguilar. Es un hombre raro; no le gusta demasiado hablar. Solo cuando está entre indios y recuerda su vida en Tabasco parece más alegre. Aguilar ha conocido en el palacio de Moctezuma a una joven azteca, hermosa y tímida, que se llama Txalcae. Gracias a ella, pronto conocemos la ciudad. Su familia vive al otro lado de Tenochtitlán, en un barrio pobre, de calles pequeñas y siempre llenas de gente. Ahora comemos o cenamos muchas veces en su casa, y esos momentos son para mí los más hermosos de este viaje.

Gracias a Txalcae y a su gente puedo entender y conocer mejor a los aztecas. Ellos me han explicado muchas cosas sobre su religión. Por ejemplo, Moctezuma piensa que Cortés es Quetzalcóatl, el dios blanco que vuelve a casa desde el sol, después de luchar contra otros dioses. Por esta vieja historia nos ha sido tan fácil llegar a Tenochtitlán. Yo les pregunto qué quieren decir la sangre y los sacrificios de hombres. Los aztecas llaman a la sangre agua de piedras preciosas, y es el precio que ellos pagan a sus dioses. ¿Qué religión, pienso yo, no paga un precio a sus dioses?

–¿Y vosotros? –les pregunto en broma–. ¿También pensáis que yo soy un dios?

–Tú eres nuestro amigo –dice el padre de Txalcae mientras sonríe–. Bebes nuestro vino y eres feliz con nosotros. Solo eso es importante ahora.

Y yo miro a Txalcae y pienso qué sencillo y hermoso puede ser todo.

14 de noviembre de 1519

Esta mañana Aguilar y otros dos hombres han venido a buscarme, muy asustados. «Tienes que venir al palacio de Moctezuma», me dicen, sin explicarme nada más. Cuando llego allí me encuentro a Cortés. Enseguida le pregunto qué ocurre.

–Nada –contesta Cortés con voz fría–. He decidido que Moctezuma va a vivir con nosotros, en nuestra casa.

–¿Y por qué, señor? ¿No es nuestro amigo? ¿No nos da todas las cosas que le pedimos?

–Un rey libre, con sus sacerdotes y jefes, puede ser peligroso. He sabido que muchos de ellos hablan mal de nosotros.

–Ahora sí van a hablar mal –le contesto–. Señor, esto solo va a traernos problemas. Es peligroso.

–¿Eso crees? –grita Cortés muy enfadado–. Y dime, Francisco, ¿quién eres tú para decir qué es bueno y qué es malo?

–Solo es un consejo, señor.

–No me interesan tus consejos.

Moctezuma sale de su palacio. Los hombres que van con él están llorando. Esta vez sus ropas son sencillas, sin oro ni joyas. Yo también siento pena por el rey, como otros muchos españoles. Es un momento triste para todos y nadie sabe cómo va a terminar.

IV

12 de enero de 1520

Desde aquel triste día de noviembre, los españoles solo han tenido problemas en Tenochtitlán. Los sacerdotes son el mayor peligro. Se esconden por los palacios, por las casas de los hombres importantes, por las esquinas de la ciudad, y hablan contra nosotros; contra los extranjeros blancos que se han llevado a su rey. Yo mismo los he escuchado en las calles y en la plaza del mercado. Ahora las gentes de Tenochtitlán no son tan amables como antes y los españoles tienen miedo a salir de sus casas.

Las noticias que nos llegan cada día no son buenas. Sabemos que el rey de Tezcoco, amigo de Moctezuma, ha intentado levantarse contra nosotros. Otros muchos jefes también quieren rebelarse[36]. Hasta ahora no lo han conseguido porque Moctezuma todavía sigue las órdenes de Cortés. Cada vez sale menos de nuestro palacio. Pasa todo el día en sus habitaciones, entre libros y papeles de religión. Parece vivir en un extraño sueño. Ha perdido el favor de su pueblo y él lo sabe. Algunos lo llaman la mujer de los españoles. Muchas noches lo descubro en la terraza mientras habla y canta en voz baja. Siempre está mirando al cielo y las estrellas[37]. «Sus palabras son muy tristes», dice Aguilar. Su corazón está muerto porque no entiende qué está pasando.

7 de febrero de 1520

Una noche, mientras cenamos con Moctezuma, oímos unos ruidos y voces fuera del salón. De repente, alguien abre las puertas y entran Oaxaca, Antlximal y Auarsepec con otros sacerdotes. Traen del brazo a uno de nuestros hombres, el joven Velasco, que grita y llama a Cortés muy asustado.

—¿Qué ocurre aquí? —pregunta Cortés—. ¿Qué hacéis con uno de mis hombres?

—Venimos a ver a Moctezuma, nuestro señor —dice Auarsepec.

—Vuestro señor es el Rey de España —contesta Cortés—. Y vosotros tenéis que hablar conmigo.

—Gran Moctezuma —sigue el sacerdote, mientras baja la cabeza—. Hemos encontrado a este hombre en el cuarto de tu hija. Ningún hombre puede entrar allí, pero él...

—¡No es verdad, señor! —grita Velasco—. Ella me ha llamado, y entonces yo...

—Tranquilo, Velasco —dice Cortés—. No va a pasar nada.

El asunto parece claro: es un plan de los sacerdotes contra Cortés. Velasco tiene que morir por la mañana, en el sacrificio que hacen a Huitzilopochtli, el dios de la guerra. Así lo quiere su religión. A estas horas, y gracias a los sacerdotes, todo el mundo en Tenochtitlán sabe la historia de Velasco. Muchos están esperando fuera del palacio. ¿Qué va a decidir Moctezuma? Es la religión de los aztecas contra la de los españoles. Pero los sacerdotes saben que Moctezuma no puede hacer nada. Velasco vuelve con nosotros. Los sacerdotes salen a la calle y dicen que los aztecas deben buscar otro rey.

Cortés está viendo el peligro por primera vez. Por fin ha descubierto que el momento no puede ser más difícil. Pasea de un lado a otro de la habitación, muy enfadado. De repente, se para cerca de Moctezuma, que llora en silencio, y le grita:

—¿Qué hombres sois vosotros que matáis a otros hombres para beber su sangre?

—¿Y qué hombres sois vosotros —contesta Moctezuma— que matáis a miles de hombres para conseguir oro?

Y los dos se miran a los ojos más de un minuto hasta que Moctezuma se levanta y se marcha de la habitación.

11 de marzo de 1520

Esta mañana Cortés me ha despertado muy temprano. En la calle nos esperan Cuitláhuac y otros jefes aztecas. Vamos al gran teucalli, el templo[38] mayor de los aztecas, que está cerca del palacio de Moctezuma. Tiene muchas casas y habitaciones para los sacerdotes. Allí guardan, además, las armas de la ciudad. En estas habitaciones encontramos cientos de estatuas[39] de sus dioses. Un indio nos dice que las hacen con pan, sangre y corazones de los hombres. En el centro del templo hay una gran mesa de piedra que los sacerdotes usan para los sacrificios. Siempre está roja de sangre, como todas las paredes del teucalli.

—¡La Malinche tenía razón! —me dice Cortés de pronto—. Nunca he visto algo tan horrible.

—¿La Malinche? ¿Conoce ella este lugar? ¿Ha estado antes aquí?

—No lo sé. Pero eso ahora no es importante.

—Quizás sí —le contesto muy rápido—. ¿Qué piensas hacer?

Cortés está pálido. Sus órdenes son muy claras: romper todas las estatuas, limpiar de sangre el lugar y hacer una iglesia católica de aquel templo. Nuestros hombres siguen sus órdenes sin perder un minuto. Los sacerdotes huyen de allí entre gritos. Pronto la ciudad sabe qué está ocurriendo en su templo. El odio hacia los españoles es cada vez mayor. Varios aztecas vienen a nuestra casa para hablar con Moctezuma: ¿no va a hacer nada el rey azteca por sus dioses?

Las órdenes de Cortés son claras: romper todas las estatuas, limpiar de sangre el lugar y hacer una iglesia católica de aquel templo.

Y Moctezuma lo intenta. Por unas horas parece que se olvida de sus libros y sus sueños. Tal vez ha descubierto que Cortés no es un dios; no es ese Quetzalcóatl que ha estado esperando toda su vida. No puede entender qué ha pasado. Por ello, esa misma noche, pide hablar con Cortés: si no quiere llenar la ciudad de muertos, le dice, tiene que salir con sus hombres de Tenochtitlán. Todos sabemos qué le contesta Cortés. Y el rey azteca vuelve a sus habitaciones triste y en silencio. Va como un enfermo que ya solo espera la muerte.

2 de mayo de 1520

Es de noche. Cortés me espera en el salón, pero hoy no quiero verlo ni escucharlo, ni hablar con él. Solo quiero huir, huir de esta casa, de todos sus problemas. Huir a un lugar seguro y descansar. No hay gente en las calles. Las barcas duermen cerca de las casas. A la luz de la luna, la plaza del mercado parece un campo muerto. Un perro la cruza de lado a lado, callado, sin hacer un solo ruido. Poco a poco, las calles se hacen más estrechas y entonces me doy cuenta de que me he perdido. Doy vueltas y más vueltas, y siento miedo, porque en cada esquina solo encuentro silencio y oscuridad.

De repente, veo luz en una ventana: un extraño poder me ha traído a la casa de Txalcae. Parecen algo asustados cuando entro, pero enseguida sonríen y me saludan, tan amables como siempre. Saben que algo extraño ocurre. No puedo cenar nada, me siento demasiado cansado. La madre de Txalcae sube conmigo por una estrecha escalera hasta la terraza. Allí, cerca de la pared, encuentro una pequeña cama. Cinco minutos después, duermo tranquilo bajo el cielo de Tenochtitlán.

✶ ✶ ✶

Cuando despierto, Txalcae está a mi lado.

Todavía es de noche. Me levanto y desde la terraza veo los edificios de la ciudad, blancos como la leche a la luz de la luna. Muy lejos de mí están el palacio de Moctezuma, el templo de los sacrificios, la gran casa de los españoles. Muy lejos de mí.

También las aguas del lago duermen tranquilas. El cielo se mira en ellas y parece otro cielo, y la ciudad una estrella más en el mar de las estrellas. Todo en esta noche tiene el color de los sueños.

Entonces lloro. Lloro como no he llorado desde que era un niño; lloro por todos los momentos tristes y horribles que tiene la vida, y también por las cosas hermosas que nunca voy a conocer. Txalcae, asustada, busca mi mano con la suya y empieza a hablar con voz suave, muy dulce; como una diosa que habla con un niño.

Luego me besa, yo la tomo en mis brazos. Y así los dos volvemos a la cama, mientras la luna sigue su lento viaje por el cielo.

3 de mayo de 1520

Por la mañana, vuelvo al palacio de los españoles. Entro en mi cuarto y duermo todo el día. Cortés viene cuando ya es de noche. Sin decir nada se sienta en una silla cerca de la cama. Yo pienso en aquella otra noche, en Cuba, antes de la conquista. ¡Cómo han cambiado las cosas desde entonces!

—Estamos en un momento muy peligroso —dice al final— y tú te vas. ¿Dónde has estado esta noche?

Le hablo de Txalcae y su familia.

—No te puedo entender —parece cada vez más enfadado—. La ciudad está contra nosotros, quiere matarnos, y tú te acuestas con una azteca. ¡Con una azteca!

—¿Tan extraño te parece? —le contesto enseguida—. Tú duermes con una india todas las noches y nadie dice palabra.

Mis palabras han sido sucias, pero necesarias. Los dos callamos durante un momento.

—¿Por qué sientes ese odio por ella, Francisco? —me pregunta entonces—. No lo puedo entender...

–Perdóname, señor. Yo quiero la mejor vida para ti y para nosotros. Pero ella... a ella solo le interesa ver muertos a los aztecas. Así ha sido desde el primer día, señor. Y tú escuchas sus consejos...

–¿Y a quién voy a escuchar? –grita Cortés de repente–. ¿A ti? Siempre te he pedido consejo, porque siempre hemos pensado igual. Pero ahora has cambiado, Francisco. Ahora pareces un extraño y no comprendo qué quieres.

–Un día te lo dije, señor: algo nuevo, diferente al mundo que conocemos. Una nueva vida que yo he encontrado aquí, en Tenochtitlán. Pero tú no, señor; tú no quieres una nueva vida, no quieres cambiar las cosas que ya conoces. Tú solo buscas la aventura, solo quieres ser un hombre famoso. Piensas que tu mundo es el mejor. Crees que no puede haber otros mundos diferentes. ¡Por eso has conquistado un país amigo, un país que te ha dado tanto...!

–¿Cómo puedes decir eso? –me pregunta Cortés, un poco asustado–. Tú has visto ese horrible templo conmigo. ¿Ya lo has olvidado?

–También nuestro país tiene cosas horribles. También allí los hombres matan en nombre de Dios y de la religión. ¿Somos nosotros mejores que los aztecas?

–Lo somos, porque tenemos la verdad con nosotros.

–Solo Dios sabe qué es y dónde está la verdad, señor. Solo Dios lo sabe.

Y entonces callamos otra vez. Cortés se levanta y mira por la ventana. Sé que está preocupado; pero esta vez yo no puedo ayudarlo.

–Mañana salgo de Tenochtitlán –dice de repente–. Velázquez ha mandado una expedición contra nosotros. Ya ha llegado a Tabasco. ¡Ahora también tengo que luchar contra los españoles!

Es la peor noticia que he oído en mucho tiempo. Ahora, más que nunca, siento pena por Cortés, perdido entre tantos y tantos problemas.

–La mitad de los hombres viene conmigo; la otra mitad se queda aquí, con Pedro de Alvarado como jefe. Ahora, tú tienes que elegir: ¿vienes conmigo o te quedas?

–Esta vez no, señor –le contesto–. Esta vez no quiero ir. He encontrado mi camino. Mi viaje termina en Tenochtitlán.

Y Cortés, triste y enfadado, sale muy deprisa de la habitación.

V

10 de mayo de 1520

Dios mío, ¿por qué no he ido con mi señor? ¿Por qué me he quedado aquí, en Tenochtitlán, esperando mi triste final?

Alvarado es el peor de los hombres: vive lleno de miedo, y cree que las armas son la solución a todos los problemas. Y además... Además, a estas horas, Alvarado duerme tranquilo en el cuarto de la Malinche. Todos los hombres los han visto juntos, pero no dicen nada. Cortés está demasiado lejos de nosotros, hace mucho tiempo que no tenemos noticias de él.

Nuestro mundo se rompe poco a poco; el mundo de los aztecas, también. El joven Cuauhtémoc, que no ha olvidado su odio por Cortés, hace nuevos planes con los sacerdotes. Sabemos que los aztecas se van a rebelar. Pero ¿cuándo? Esa es la pregunta que todos nos hacemos a cada minuto.

Ningún español sale ya de este edificio. Es demasiado peligroso. Son muchas semanas sin ver a Txalcae, sin pasear por las calles de Tenochtitlán, por sus bonitas plazas, por su mercado...

16 de mayo de 1520

El final está cerca. Esta noche es la gran fiesta azteca del dios Tezcatlipoca. Ellos la llaman Toxcatl, y se preparan para ella todo el año. Han elegido al joven más hermoso de la ciudad para el sacrificio. Su corazón va a ser el regalo que hacen los sacerdotes a este dios.

Alvarado ha prohibido el sacrificio, pero sabe que los aztecas no van a escucharlo. Ahora ha llamado a los jefes de nuestros hombres y les da nuevas órdenes. Yo los miro en silencio... ¿Qué puedo decir yo cuando luchan los dioses?

Entonces llega la Malinche con un azteca. Dice que lo ha encontrado en el templo. Es un amigo del joven que van a sacrificar mañana. El pobre está llorando en el suelo, a los pies de Alvarado. Habla muy deprisa, Aguilar casi no puede entenderlo. Después del sacrificio, Cuauhtémoc y los sacerdotes quieren tomar las armas del templo y cogernos por sorpresa.

—Ya lo has oído —dice la Malinche a Alvarado—. El asunto está muy claro. Tenemos que darnos prisa y ser los primeros. Sí, nosotros vamos a darles la sorpresa a ellos. Tenemos que entrar en ese lugar... ¡y matarlos a todos! ¡Matarlos de una vez!

Cuando oye las palabras de la india, Alvarado entiende que esa es la mejor solución; la Malinche ha ganado otra vez. Todos los hombres se preparan sin perder un minuto. Media hora más tarde salen del palacio, camino del templo.

En el salón solo quedamos ella y yo. La Malinche toma un poco de vino y fruta. Tiene una mirada extraña, entre feliz y asustada. A veces dice unas palabras en voz baja y luego sonríe; quizás no se da cuenta de que yo estoy allí. Cuando, de repente, la llamo, me mira con sorpresa. Parece no entender. Pero yo tengo que hablar con ella; tengo que decirle qué he sentido hacia ella desde que entró en el cuarto y en la cama de mi señor. Mis palabras son rápidas y duras. Nunca he hablado así a una mujer. Entonces me doy cuenta del odio que siento hacia ella. Sí, la odio por todas las cosas que nos ha hecho... y porque no puedo entenderla...

—¿Quién eres tú? —le grito al fin—. ¿Qué quieres conseguir? ¿Muertos y más muertos?

Luego callo. Ella no dice nada. Aquel silencio me parece el peor de los ruidos. Siento que sus ojos negros buscan los míos, pero no puedo mirarla. De repente tengo miedo.

—¿Sabes tú quién soy yo, pobre español? —dice con una voz horrible—. ¡No, no lo sabes! ¿Qué crees que puedo sentir por los aztecas? Ellos han matado a mi padre, a mis hermanos... a mi marido... ¿Cómo voy a perdonar a esos hombres del templo, que tienen las manos mojadas con la sangre de sus corazones?...

Casi no puedo hablar. Poco a poco empiezo a entender la historia de la Malinche: su familia ha muerto no hace mucho tiempo en unos sacrificios en Tenochtitlán. Por un momento pienso en aquellas estatuas, hechas con la sangre y los corazones de esos hombres, y en la Malinche... en su padre, en sus hermanos y su marido, muertos sobre la mesa de piedra del templo... Y entiendo, por fin, tanto odio, y de repente me siento enfermo, cansado de este extraño mundo sin solución.

Ella siempre ha sabido que nuestra llegada a Tenochtitlán era el fin de los aztecas. Ahora todos lo sabemos... Pero ya es demasiado tarde y eso me duele. Esta triste historia está llegando a su final.

Todavía escucho a la Malinche cuando entran Alvarado y sus hombres. Viene muy deprisa, con las ropas llenas de sangre.

—¡Cerrad las ventanas! —grita Alvarado.

Fuera, oímos el ruido de mucha gente que corre de un lado a otro. Nuestros jefes ponen las armas y los cañones en los sitios más importantes del edificio.

—La ciudad se ha rebelado —le dice Alvarado a la Malinche—. Ha sido muy difícil llegar hasta aquí.

—¿Qué habéis hecho? —le pregunto a Zúñiga, uno de los jefes.

—Hemos entrado en aquel templo y hemos matado a toda la gente que estaba allí. Ha sido horrible.

Los aztecas están fuera del edificio. No intentan entrar; están esperando. Saben que no tenemos mucha agua ni comida. Ahora solo Cortés nos puede sacar de aquí.

25 de junio de 1520

Mi señor llegó a Tenochtitlán ayer por la noche, casi por sorpresa. Gracias a sus rápidos caballos ha conseguido entrar en el palacio. ¿Pero cómo vamos a salir? Cortés no tuvo que luchar contra los hombres de Velázquez: muchos han venido con él al país de los aztecas para ayudarlo en su conquista. Ahora somos más españoles, pero solo eso ha cambiado. No podemos seguir así por mucho tiempo. Algunos hombres están ya enfermos y yo pienso, como otros muchos, que es mejor morir fuera, en las calles, que dentro de estos cuartos.

Cortés no quiere saber nada de Alvarado ni tampoco de la Malinche. Todavía la quiere, estoy seguro, pero eso ahora no es importante.

¿Y Moctezuma? Durante las últimas semanas, el pobre rey ha vivido como en sueños, siempre en silencio, escondido en su habitación, lejos de la vida. Pero ahora, cuando Cortés habla con él, parece que despierta de su sueño por unas horas.

Desde que ha vuelto mi señor, los aztecas han atacado el palacio varias veces. Solo Moctezuma, piensa Cortés, nos puede ayudar en este momento. Todavía es el rey de los aztecas.

26 de junio de 1520

Uno de nuestros hombres ya ha abierto las ventanas del primer piso del palacio. Moctezuma sale solo a la terraza. Casi no puede andar. Abajo, en las calles, miles de aztecas están esperando. Delante de todos ellos veo a Cuauhtémoc y a los tres sacerdotes. Todos callan. Moctezuma levanta su mano y empieza a hablar. Habla de los viejos tiempos, de la alegre vida que antes había en Tenochtitlán y de los días tristes que ahora vivimos. Habla del miedo y también del odio, de los muertos, de las luchas. «Todo va a ser como antes –dice al final– si dejáis a los españoles libres.»

–¡Tú no eres nuestro rey, Moctezuma! –grita alguien de repente desde allí abajo, tal vez Cuauhtémoc–. ¡Tú solamente eres la mujer de los españoles! ¡Y pronto vas a morir con ellos!

–¡Matad a Moctezuma! –dicen otros muchos.

Y entonces una lluvia de piedras cae sobre la terraza, sobre el viejo rey. Moctezuma cae al suelo, muy herido. Su sangre empieza a correr por la terraza, mientras su gente grita y trae más piedras. Cuando nuestros hombres lo sacan de allí, está casi muerto. Cortés, muy pálido, coge a Moctezuma entre sus brazos y lo lleva a sus habitaciones. Nadie los sigue; nadie dice una palabra. Solo rompe nuestro silencio el ruido de las piedras que todavía caen sobre la terraza.

29 de junio de 1520

Moctezuma ha muerto en la noche del tercer día. ¡Qué triste final para este rey que ha sido siempre tan bueno con nosotros! Muchos de nuestros hombres lloran cuando escuchan la noticia. Ahora Moctezuma ya es libre. Su extraño sueño ha terminado por fin.

Cortés ha dado la última orden: no podemos pasar un día más en esta casa.

30 de junio de 1520

Estamos preparados. Mi señor levanta su espada y abre las puertas. Todos corremos hacia la calle. Los hombres que van a caballo salen delante. Después de una pequeña lucha, los aztecas que nos estaban esperando huyen de allí. El camino parece abierto.

–¡Tú no eres nuestro rey, Moctezuma! –grita alguien de repente allí abajo, tal vez Cuauhtémoc–. ¡Tú solamente eres la mujer de los españoles!

No hay luna ni estrellas. Escondidos en la oscuridad pasamos calles y calles. El gran puente que lleva a tierra está ya cerca. ¿Por qué los aztecas no intentan pararnos? ¿Tal vez han decidido no luchar?

Pero, cuando llegamos al puente, descubrimos que los aztecas lo han hundido. Los caballos no tienen tiempo de parar. Saltan y caen al agua. Cortés da rápidas órdenes: hay que buscar maderas, hacer otro puente para pasar al otro lado. Por fin lo conseguimos pero, de repente, oímos un gran grito: miles de aztecas salen de la oscuridad y caen sobre nosotros.

No hay ninguna luz. Solo oigo el ruido de las armas, cada vez más cerca, y el grito de los hombres que mueren, quizás españoles, quizás amigos míos.

Perdidos en la noche, los hombres intentan llegar al puente como pueden. Pero allí también los indios nos están esperando: los hombres que corren delante de mí caen al suelo, heridos por miles de cuchillos.

No hay tiempo para pensar, solo hay una solución: saltar a las aguas del lago. Nado hasta romperme los brazos, lejos de aquel horrible lugar, lejos de todos aquellos muertos. Pero todavía puedo oír los gritos que llegan desde el puente.

Nado horas y horas. ¿Cuándo va a salir el sol? ¿Dónde está la tierra? ¿Dónde están mis hermanos españoles? ¿Están todavía vivos? ¿Han podido huir de la ciudad? Siento mis brazos pesados como piedras; quiero descansar, descansar para siempre. Estoy seguro de que voy a morir.

Y, de repente, en el último momento, mis pies tocan tierra. Delante de mí veo árboles, una playa... Segundos después caigo sobre la arena y mis ojos se cierran. Todavía estoy vivo. No puedo pensar más.

31 de junio de 1520

El sol está ya muy alto cuando me despierto. Nunca he tenido tanta sed. Empiezo a andar por las playas, escondido entre los árboles. Tengo miedo. Los aztecas de estos pueblos pueden encontrarme.

¿Dónde están los españoles? Todo el día ando y ando sin parar. Por la tarde llego al final del puente. No encuentro a nadie, pero mucha gente ha pasado por allí: lo veo en la arena. En el puente, además, encuentro espadas y ropas de españoles, algunas con sangre. Una hora más tarde, oigo voces y encuentro a los primeros españoles. Ellos me ayudan y llaman a Cortés. Cuando mi señor me ve, me abraza emocionado y empieza a llorar. No esperaba verme nunca más.

—Eres la primera noticia alegre que tengo en mucho tiempo —me dice en voz baja—. ¿Estás bien?

Pido algo de comer y beber y le cuento mi historia. Miro a mi alrededor y me doy cuenta de que allí hay muy pocos hombres.

—¿Dónde están los otros? —le pregunto.

—¿Los otros?

Cortés calla. Este es un momento horrible para él.

—Los otros están muertos. Hemos perdido más de seiscientos hombres.

Yo le hago más preguntas: quiero saber cómo ha sido el final de la lucha. Le pregunto dónde está la Malinche. Mi señor me contesta que ha podido huir de la ciudad. Pero Cortés habla poco y sus palabras son frías. Es fácil darse cuenta de que Cortés ahora no siente nada por la Malinche. Todo ha terminado para ella: debe irse a España, lejos de su tierra, y vivir allí como una española más, sola con su triste historia.

Ya es de noche. Desde aquí podemos ver las luces de Tenochtitlán, al otro lado del lago.

—Esta ha sido la noche más triste de mi vida —dice Cortés—. Pero por Dios que voy a volver. Esa ciudad tiene que ser mía.

EPÍLOGO

27 de mayo de 1521

Hemos vuelto a Tenochtitlán.

Han pasado diecisiete meses. También hoy el sol se pierde detrás de las montañas, como en aquella primera tarde. La luz, los colores, los ruidos, todo parece lo mismo. Pero no lo es. Tenochtitlán era entonces una flor abierta en el centro del lago. Hoy es una ciudad triste, sucia y escondida. Aquel día entramos como dioses; mañana vamos a entrar a matar, a conquistar sus casas y sus calles. Los aztecas lo saben y esperan. Pero no tienen miedo. Cuauhtémoc, el nuevo rey, y sus jefes y sacerdotes ya lo han decidido. Están preparados para luchar... y también para morir.

Es el final de la historia. Después de la Noche Triste[40] hemos vivido varios meses con nuestros amigos de Tlaxcala. Hasta allí llegaron más hombres desde Cuba, que ahora son de gran ayuda para nosotros. Pronto la expedición se sintió fuerte y segura otra vez, y muchos empezaron a hablar de volver a Tenochtitlán, sobre todo Cortés. Mi señor no podía pensar en otra cosa. Pero esta vez quería ir poco a poco. Primero conquistamos las ciudades más pequeñas y ahora todo el lago es por fin nuestro. Esta vez ha sido fácil porque tenemos nuevos barcos, mucho más grandes y rápidos que las pequeñas barcas de los aztecas. Gracias a ellos hemos ganado los tres grandes puentes que llevan a tierra.

Ahora, Tenochtitlán, ya solo quedas tú.

18 de julio de 1521

No pueden huir, no tienen ayuda de nadie, no tienen comida. Están perdidos.

Pero los aztecas no quieren vernos otra vez en su ciudad. Prefieren morir. Miles de ellos han muerto ya días antes, y eso tampoco los asusta. Si queremos conquistar Tenochtitlán, hay que ir barrio por barrio, casa por casa, cuarto por cuarto. Nos esperan en cada esquina, mujeres, niños, viejos... Muchos no tienen armas, solo piedras y cuchillos. Todos luchan y matan españoles con el mismo odio. Saben que luchan por su ciudad, por sus dioses y su mundo. También saben que van a morir. Pero eso no es importante para ellos.

Si queremos conquistar Tenochtitlán, hay que ir barrio por barrio, casa por casa, cuarto por cuarto. Nos esperan en cada esquina...

Así han pasado casi cuatro meses en la conquista de la ciudad. Más tiempo, más ruido de espadas rotas, más muertos. Pero el final va a ser el mismo. Triste, tan triste...

13 de agosto de 1521

Este es el día. El último día. Cortés y la mitad de los hombres han llegado al palacio de Cuauhtémoc y al gran templo. La otra mitad está con Sandoval en el barrio viejo de la ciudad; aquí se han escondido algunos sacerdotes y jefes que quieren huir de Tenochtitlán por el puente del sur. Solo nos queda conquistar unas pocas calles. Parece fácil conseguirlo, pero todavía muchos aztecas luchan desde las terrazas de las casas, desde las ventanas, desde sus oscuras habitaciones. Nos esperan, con un cuchillo en la mano, preparados para matar antes de morir. Sandoval mueve a sus hombres con mucho cuidado. Andamos muy despacio, en silencio. Solo a veces oímos un grito, o el ruido de las armas que caen al suelo con el hombre que las llevaba. Una casa más. Y otra vez el silencio.

Varias horas después, llegan hombres con las últimas noticias. Cuauhtémoc y su palacio ya son nuestros. Algunos aztecas salen entonces a la calle con los brazos en alto. Sandoval nos avisa de que todavía hay peligro; pero también él parece más tranquilo. Tal vez la conquista de Tenochtitlán ha terminado por fin...

Ya de noche, encuentro la casa de Txalcae. He esperado este momento largos, larguísimos meses. He soñado con su voz suave, con sus dulces ojos, con los alegres momentos pasados en esta casa, con sus padres y sus hermanos... Porque yo sé que nada ha cambiado entre nosotros. Esta es la vida que he buscado siempre y por fin la he encontrado.

Dejo mi espada en el suelo y corro hacia la casa. No hay luces dentro de ella. La puerta está medio abierta. Entro despacio en el salón. Allí todo es silencio y oscuridad. De repente, oigo un ruido detrás de mí, una voz. Es la voz de su hermano..., y me vuelvo con los brazos abiertos, sonrío... y digo su nombre...

Y solo veo un cuchillo que sale de la oscuridad hacia mi corazón. El cuchillo entra en mi carne con un ruido seco. La sangre empieza a correr. Alguien grita, es Txalcae. Luego caigo al suelo. Sé que voy a morir.

* * *

La misma terraza. La misma cama de aquella noche con Txalcae. El mismo cielo de luna y de estrellas. Por fin he vuelto. Creo que tengo suerte. Aquí he vivido el momento más feliz de mi vida, y este es el último lugar que voy a ver. No puedo pedir más.

Siempre he tenido miedo a morir solo, olvidado por todo el mundo. Ahora veo a una mujer hermosa a mi lado. Su familia también llora por mí. Los he querido con todo mi corazón. Parece que la vida, después de todo, ha sido buena conmigo.

Algunos amigos me han visto y han avisado deprisa a Cortés. Dicen que viene hacia aquí. Solo quiero decirle que ha sido mi mejor amigo, pero ya es tarde... Que ha sido el hombre al que más he querido en toda mi vida... Muero el mismo día que Tenochtitlán, la ciudad de los dioses. Gentes extrañas ocupan ahora sus calles, sus plazas, sus templos y palacios. Los dioses huyen esta noche y yo tengo que ir con ellos.

Es tarde. No me duele nada, pero casi no puedo escribir. Estoy cansado. Mis ojos se cierran y empiezo a soñar. Pronto va a salir el sol.

Hoy hace siete años que he salido de España.

El viaje ha terminado por fin.

ACTIVIDADES

Antes de leer

1. Antes de empezar la lectura de *La ciudad de los dioses*, vas a descubrir las características esenciales de la novela, lo cual te ayudará posteriormente a comprender mejor la historia. Fíjate en el título, ojea las ilustraciones que hay a lo largo de la novela y responde a estas preguntas.

¿Cuál crees que es el tema principal de la historia?

a. El amor imposible entre dos personas que viven en países distintos.

b. La conquista de América por los españoles.

c. El diario de unas vacaciones en México.

¿Dónde transcurre la historia?

d. En Cuba y México.

e. En España y Cuba.

f. En otro lugar: _____

¿De qué tipo de narración se trata?

g. Una carta.

h. Un informe.

i. Un diario.

¿En qué tiempo y persona se relata la historia?

j. En presente y en primera persona.

k. En pasado y en primera persona.

l. Otro tiempo y persona distintos: _____

2. Hojea el libro. ¿Puedes encontrar la siguiente información?

a. El escritor de la novela: _____

b. Los **dos** personajes principales: Francisco de Alcaraz *[manuscrito: Hernan Cortez]*

c. **Tres** lugares geográficos que se citan: Tenochtitlán, Iztapalapa *[manuscrito: Tabasco]*

d. Los **cuatro** años durante los que transcurre la historia: _____

[manuscrito: 1492, 1518, 1520, 1522]

3. Antes del primer capítulo, se ofrece un breve marco histórico para situar el relato en su contexto. Léelo atentamente y después completa el texto con ayuda de los dibujos.

Cristóbal Colón descubre (a.) _____ en 1492. Unos años después,

Cortés parte para conquistar (b.) _____ . En 1518, Cortés se dirige a

las costas mexicanas y conquista esos territorios. En Tenochtitlán, los azte-

cas se rebelan contra los (c.) _____ porque estos no respetan sus cos-

tumbres religiosas. Los españoles se van de Tenochtitlán el 30 de ju-

nio de 1520, pero regresan en 1521 y conquistan el territorio. Carlos I

nombra a (d.) _____ gobernador de México, país que entonces se

llamaba Reino de Nueva España.

4. Busca en Internet información sobre Hernán Cortés y completa la ficha.

Hernán Cortés (1485-1547).

Nombre completo:
_____

Nacionalidad:
_____

Lugar de nacimiento:
_____

Año de nacimiento:
_____

Hechos destacados en su vida:
_____

5. Estas son algunas de las palabras más frecuentes en la novela. Relaciónalas con la ilustración correspondiente.

dioses - rey de los aztecas - templo - armas - aztecas

Durante la lectura

Capítulo I

6. ① Antes de leer el capítulo, escúchalo y responde a las siguientes preguntas.

a. ¿Cómo se llama la persona que relata la historia? *Francisco de Alcaraz*

b. ¿Cuál es su profesión? *secretario*

c. ¿Para quién trabaja? *Hernan Cortez*

d. ¿Dónde vive? *España*

e. ¿Para qué viajan los españoles a América? *Conquistar nuevo territorio.*

7. Ahora, lee el capítulo I y comprueba tus respuestas.

8. Subraya la palabra adecuada, según el texto.

a. Francisco de Alcaraz piensa que es **importante** - ridículo - aburrido trabajar para don Hernán Cortés.

b. Alaminos y sus hombres viajaron al Gran Cairo y regresan a Cuba con **oro** - estatuas - comida.

c. Juan de Grijalva y sus hombres viajaron **al país de los aztecas - al Gran Cairo - a Tabasco** y ahora regresan a Cuba con muchas cosas de oro.

d. El gobernador Velázquez está organizando otro viaje a las nuevas tierras y **Alcaraz - Alaminos - Cortés** quiere ser el jefe de la expedición.

9. Resume en unas pocas líneas qué ocurre al final del capítulo, entre el 7 y el 18 de noviembre de 1518. Te ofrecemos algunas palabras clave y el esquema para el resumen.

Hernán Cortés	Francisco de Alcaraz	Diego de Velázquez
Cuba	Nuevas tierras	Conquista	Rey de España

Problema: *El governador velázquez quiere que cortez regrese a España*

Reacción de Cortés: *Se pone muy enfadado.*

Desenlace: *Cortez y sus hombres continuaron su viaje hacia el mar abierto.*

Capítulo II

10. Antes de escuchar y leer el capítulo, fíjate en estas palabras clave que aparecen en él y relaciónalas con su ilustración.

> b   c   d   e   a
> barco - playa - hundir - cañón - caballo

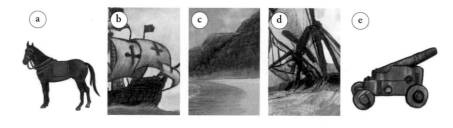

11. ② Ahora, escucha la narración. Después, lee las siguientes oraciones sobre ese capítulo. Algo falla en cada una de ellas. ¿Sabrías decir qué? Sigue el ejemplo.

	Qué falla
a. El 23 de abril de 1519 los españoles llegan a las nuevas tierras.	Desembarcan en las nuevas tierras el 13 de marzo, no el 23 de abril.
b. Los españoles están asustados porque los indios tienen caballos y cañones.	los españoles estan nerviosos pero los caballos estan asustados por el ruido de los cañones
c. Los indios regalan a los españoles cinco mujeres y oro.	los indios regalan a los españoles 20 mujeres y oro.
d. Cortés ofrece a su amigo Alcaraz una joven india llamada la Malinche.	Cortes ofrece a su mejor amigo Hernandez de Puerto carrero una joven india llamada la malinche
e. El país que los españoles quieren conquistar es pobre.	El pais que los españoles quieren conquistar es rico

12. Lee el capítulo y comprueba tus respuestas.

13. En las descripciones se emplean los nombres de colores y tonos con bastante frecuencia. Asocia el color o el tono al sustantivo al que acompaña en el texto.

el azul	*el* naranja	*La* blanca	*el* oscuro	*las* negras
las aguas	*el* cielo	*el* plan	*la* playa	*el* mar

14. Aquí está el resumen del desenlace del segundo capítulo. Hay cuatro palabras que realmente no existen en español. ¿Puedes encontrarlas y escribir la palabra correcta?

Algunos españoles tienen ~~sireido~~ (miedo) de los aztecas, porque ~~son~~ (es) un pueblo ~~melo~~ (rico) y fuerte, y desean regresar a Cuba. Para evitar que esto ocurra, Cortés y sus compañeros ~~femunden~~ (hunden) los barcos en la playa. Así lo hacen, de modo que ahora ya nadie puede volver a Cuba y todos tienen que quedarse y ~~toridar~~ (conquistar) a los aztecas.

Capítulo III

15. (3) Antes de leer el capítulo, escúchalo y después busca en la sopa de letras cinco palabras (en sentido horizontal o vertical) que aparecen en él y que están definidas a continuación:

a. Nombre de la ciudad de los aztecas.

b. Nombre del rey de los aztecas.

c. Contenido de la copa que le ofrecen a Cortés.

d. Los españoles trabajan todo el día para encontrarlo.

e. El nombre de una joven azteca que Aguilar conoce.

W	E	Z	M	A	N	I	O	P	E	S	L
T	E	N	O	C	H	T	I	T	L	A	N
I	R	O	C	X	C	E	R	I	A	N	I
O	M	E	T	O	N	E	L	L	I	G	A
S	U	I	E	R	A	C	E	T	I	R	O
A	S	A	Z	O	N	I	Y	O	Z	E	L
N	E	M	U	L	O	I	S	T	I	O	R
X	E	C	M	I	O	T	U	R	N	E	L
O	T	X	A	L	C	A	E	I	O	A	E

16. (3) ¿Cómo describe Alcaraz Tenochtitlán? Completa este resumen.

Es la ciudad más (a.) _ciudad mas hermosa_ que ha levantado el hombre. Está en el centro de un (b.) _gran lago_ y de ella salen varios (c.) _puentes_. Sus casas son bajas y (d.) _anchas_, amarillas como el (e.) _oro_. Los aztecas dicen que es la ciudad de los (f.) _dioses_.

17. Lee el capítulo y comprueba tus respuestas a las actividades 15 y 16.

18. Todo tiene una causa. Completa las frases explicando la causa en cada caso.

   a. De camino a Tenochtitlán, los españoles conocen varios pueblos, que se alían con ellos porque.. _han visto la ocasion de hacers libres_
   b. Los españoles atacan a los indios de Cholula porque. _los indios de cholula pensaban matar l_
   c. Los aztecas reciben muy bien a los españoles porque.. _saben que so fuertes_
   d. Hay un problema entre los aztecas y los españoles porque... _los sacerdo y los aztecas hablan mal de ellos_
   e. Cortés quiere que Moctezuma viva en su casa porque... _Piensa que un Rey libre con sus sacerdotes es peligroso_

19. A lo largo de este capítulo a menudo se personifican los elementos de la naturaleza. Relaciona con flechas estos sustantivos con la acción y el complemento adecuado en cada caso, según el texto.

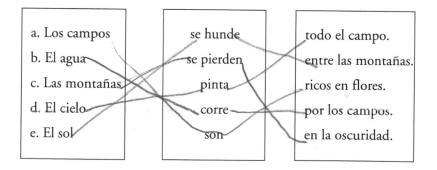

a. Los campos	se hunde	todo el campo.
b. El agua	se pierden	entre las montañas.
c. Las montañas	pinta	ricos en flores.
d. El cielo	corre	por los campos.
e. El sol	son	en la oscuridad.

20. Ordena los hechos según suceden en la historia.

☐b a. Los españoles atacan Cholula.

☐d b. La Malinche tira la copa con sangre.

☐c c. Alcaraz come con la familia de Txalcae.

☐a d. Los españoles llegan a Tenochtitlán.

☐e e. Moctezuma sale de su palacio para ir
a vivir a casa de Cortés.

Retrato de Moctezuma.

Capítulo IV

21. Antes de leer el capítulo, observa la ilustración de la página 29 y responde a las preguntas.

a. ¿Quiénes son esas personas? *los soldados españoles.*

b. ¿Dónde están? *en un templo*

c. ¿Qué hay en ese lugar? *estatuas*

d. ¿Qué están haciendo esas personas? *destruyendo el templo*

e. ¿Por qué crees que está pasando algo así? *para hacer una iglesia*

f. ¿Qué consecuencias puede desencadenar? *una guerra.*

22. (4) Ahora, escucha el capítulo y comprueba tus respuestas.

23. Lee el capítulo, y acaba de confirmar si has acertado en las respuestas de la actividad 21. *Sí*

24. Responde a estas preguntas.

a. ¿Cómo llaman los aztecas al templo mayor? *Teu calli*

b. ¿De qué dice uno de los indios que están hechas las estatuas? *pan, sangre y corazones de los hombres*

c. ¿Qué representan esas estatuas? *sacrificios*

d. ¿En qué desea convertir Cortés ese lugar? *en una iglesia católica*

25. Completa el resumen del capítulo con la palabra adecuada, según el texto.

El pueblo de Tenochtitlán quiere rebelarse contra los (a.) _españoles_ porque Cortés ha ordenado que Moctezuma abandone su palacio. Los sacerdotes organizan un plan contra los españoles: quieren matar a uno de sus hombres, al joven (b.) _velasco_, porque dicen que estaba en el cuarto de la hija de (c.) _Moctezuma_. Cortés le expresa a Moctezuma su fuerte rechazo hacia los (d.) _sacerdotes_ religiosos de su pueblo y Moctezuma le contesta a Cortés que los españoles (e.) _matan_ para conseguir oro.

26. Numera estas frases según el orden en el que se suceden los hechos en el relato.

    [f] a. El gobernador Velázquez manda una expedición contra Cortés.

    [c] b. Alcaraz desea huir de esa situación, y se va a casa de su amiga Txalcae.

    [d] c. Cortés y sus hombres destrozan el templo de los aztecas.

    [b] d. Esta vez, Alcaraz no acompaña a su señor.

    [e] e. Cortés y su secretario Alcaraz discuten por lo sucedido en el templo.

    [a] f. Cortés sale de Tenochtitlán y Alvarado se queda como jefe.

Capítulo V

27. (5) Antes de leer el capítulo, escúchalo y relaciona los personajes con los sentimientos que experimentan.

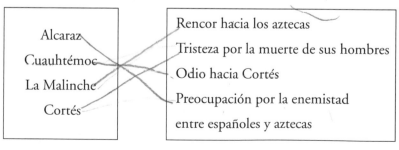

Alcaraz	Rencor hacia los aztecas
Cuauhtémoc	Tristeza por la muerte de sus hombres
La Malinche	Odio hacia Cortés
Cortés	Preocupación por la enemistad entre españoles y aztecas

28. Ahora, lee el capítulo y comprueba si has acertado.

29. Fíjate en la ilustración de la página 38. Descríbela y explica qué ocurre antes y después, empleando el vocabulario que te ofrecemos aquí.

Situación: _confrontacion entre los españoles y moctezuma_

Causa: _conquista_

Consecuencia: _Moctezuma muere_

> Moctezuma - terraza - hablar - piedras - atacar -
> «mujer de los españoles» - herido - huir

30. Este es el desenlace de la historia, pero algo falla: tres palabras no son correctas, sino que expresan lo opuesto a lo que ocurre de verdad. ¿Sabrías decir cuáles?

Los españoles huyen de Tenochtitlán cruzando el lago, pero muchos de ellos mueren luchando contra los aztecas, en la noche iluminada. Alcaraz sobrevive, y se encuentra con su señor, Cortés. Este se muestra muy deprimido al ver a su secretario. En la lucha han muerto más de seiscientos hombres. Cortés afirma que esa ha sido la noche más feliz de su vida. Desea regresar a Tenochtitlán y conquistar ese territorio.

Epílogo

31. ⑥ Antes de leer el epílogo, escúchalo e intenta explicar qué significan las siguientes fechas y datos numéricos que se mencionan en él.

- Casi un año y medio _despues de volver a tenochtitlán_
- Siete años _que han salido de España_
- 13 de agosto de 1521 _El ultimo dia, cortez y la mitad de los hombres llegan al palacio de cuauhtémoc._

32. Lee las siguientes afirmaciones e indica si son verdaderas, falsas o si no aparece esa información en el relato.

	V	F	No se sabe
a. Los españoles han vuelto a Tenochtitlán para conquistarla.	V		
b. Los aztecas los reciben amablemente.	V		
c. Alcaraz expresa alegría y satisfacción por la conquista.		V	
d. El hermano de Txalcae se arrepiente de haber atacado a Alcaraz.	V		
e. Alcaraz se siente en paz antes de morir.	V		

33. Construye las preguntas a partir de las respuestas, según el relato del epílogo.

a. Pregunta: *Porque los aztecas lucharon?*

Respuesta: Por su ciudad, por sus dioses y su mundo.

b. Pregunta: *Porque txalce mata a alcaraz?*

Respuesta: Porque está todo oscuro y no se da cuenta de que se trata de Alcaraz.

c. Pregunta: *Que quería Alcaraz decirle a Cortez?*

Respuesta: Que ha sido su mejor amigo y la persona más importante en su vida.

Después de leer

[anotación manuscrita: do I need to answer? or only comprehend?]

34. Una vez que has leído la historia, seguro que comprendes todos los detalles que han ido apareciendo. Por ejemplo, ¿cómo interpretas ahora estos fragmentos?

   a. Página 6

   Alcaraz dice: «Hoy me doy cuenta de que pronto todo tiene que cambiar». ¿Cómo cambia todo? *[anotación manuscrita: El descubrimiento y conquista. Fue un episodio con sacrificio]*

   b. Página 9

   Cortés está realmente enfadado por la decisión del gobernador de guardarse la conquista de las nuevas tierras para sí mismo. ¿Por qué? Tras la lectura de toda la novela, ¿cómo definirías el carácter de Cortés?

   Desembarco de los españoles en Veracruz, mural de Diego Rivera.

   c. Página 14

   El rey Moctezuma envía regalos a los españoles. ¿Por qué?

   d. Página 15

   Alcaraz dice: «Hay algo que no puedo entender de esta mujer [la Malinche], algo extraño que no me gusta». ¿Tenía razón al sospechar?

   e. Página 22

   La Malinche grita cuando ve sangre en la copa. ¿Por qué? *[anotación manuscrita: porque es la sangre sacrificada]*

35. ¿Cuál crees que ha sido la postura de Francisco de Alcaraz? ¿Se ha mostrado siempre del lado de los españoles o de los aztecas? Coméntalo con tus compañeros.

36. ¿Qué te ha parecido el final de la historia? Si tú fueras el escritor, ¿cambiarías algo? Comparte tu respuesta con tus compañeros.

37. Escribe un muy breve resumen de la novela. Aquí te ofrecemos un esquema y los conectores discursivos necesarios.

Punto de partida: _España - cuba_

Acción que desencadena el viaje: _conquista - descubrimien_

Llegada a las nuevas tierras: _descubrimiento_

Anécdotas: _cultura nueva_

Llegada a Tenochtitlán: _eventos historicos_

Conflictos con los aztecas: _descenlaze de una guerra_

Desenlace: _muerte y sacrificu_

> **Conectores discursivos:**
> al principio de la historia - un día - después - más tarde - finalmente

38. En la lengua española hay varias palabras que provienen de la lengua de los aztecas. En esta lista hay seis. ¿Sabrías adivinar cuáles?

> barco - caballo - cacahuete - cañón - coyote - chile - dios - chocolate - mar - mexicas - náhuatl - playa - soldado - tierras - tradición - vencer

coyote
cacahuate
náhuatl
chile
chocolate

39. Relaciona las palabras de origen azteca anteriores con su significado.

Significado	Palabra
a. Es como se llamaban a sí mismos los aztecas.	*soldados*
b. Pimiento picante que constituía un condimento importante para los aztecas.	*chile*
c. Lengua hablada por los aztecas. Casi tres millones de personas la hablan actualmente.	*náhuatl*
d. Bebida favorita de los aztecas. Proporcionaba mucha energía y resistencia a la fatiga. Se preparaba mezclando con agua los granos de cacao en polvo y batiendo la mezcla hasta obtener espuma. Su sabor era amargo, muy diferente del actual.	*chocolate*
e. Especie de lobo que se cría en México y otros países de América, de color gris amarillento y del tamaño de un perro mastín.	*coyote*
f. Planta procedente de América, con tallo rastrero y velloso, hojas redondeadas y flores amarillas. El fruto se puede comer después de tostarlo.	*cacahuate*

40. ¿Sabrías identificar algunas palabras en tu lengua materna que provienen de otras lenguas? ¿A qué se debe la incorporación de esos vocablos?

41. ¿Sabes qué ciudad se levanta sobre las ruinas de Tenochtitlán? Lleva a cabo una pequeña investigación sobre la cultura del pueblo azteca: sus ciudades, costumbres, ritos, religión, lengua...

La Gran Ciudad de Tenochtitlán, fresco de Diego Rivera.

42. ¿Has visitado México o algún otro país de Latinoamérica? ¿Hay algún país latinoamericano que te gustaría conocer particularmente? Comparte esa información con tus compañeros.

_____

_____

_____

_____

_____

_____

_____

_____

43. Autoevaluación. A lo largo de la lectura de *La ciudad de los dioses*, has aprendido una diversidad de contenidos que contribuyen a mejorar tu competencia comunicativa. ¿Puedes poner ejemplos de lo que has aprendido?

Contenidos comunicativos	Contenidos lingüísticos
• Hacer preguntas • Describir lugares • Expresar causa • Expresar sentimientos • Narrar sucesos	**Vocabulario** • La lucha • Los sentimientos • Los lugares geográficos • Los colores **Gramaticales** • Pronombres interrogativos • Nexos causales • Conectores
Contenidos culturales	
• Geografía • Costumbres de los aztecas • Lengua de los aztecas • Historia de América	

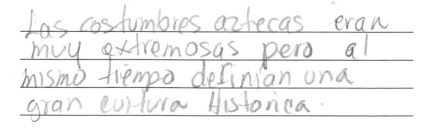

Las costumbres aztecas eran muy extremosas pero al mismo tiempo definían una gran cultura Historica.

SOLUCIONES

1. b/d/i/j

2. a. Luis M.ª Carrero Pérez. b. Francisco de Alcaraz y Hernán Cortés. c. España, Cuba y las tierras que son en la actualidad México. d. 1518, 1519, 1520, 1521.

3. a. América. b. Cuba. c. españoles. d. Hernán Cortés.

4. Nombre completo: Hernán(do) Cortés Pizarro. Nacionalidad: español. Lugar de nacimiento: Medellín, Extremadura (España). Año de nacimiento: 1485. Hechos destacados en su vida: participó en la conquista de Cuba y México.

5. a. armas. b. aztecas. c. rey de los aztecas. d. templo. e. dioses.

6. a. Francisco de Alcaraz. b. Es secretario. c. Para Hernán Cortés. d. En Cuba, América. e. Para hacerse ricos.

8. a. importante. b. oro. c. a Tabasco. d. Cortés.

9. Problema: El gobernador pide a Cortés que vaya a España, porque quiere conquistar el país él mismo. Reacción de Cortés: Hernán Cortés se enfada, porque él quiere conquistar el país. Desenlace: Cortés decide ir a México, con Alcaraz y sus soldados, para conquistarlo.

10. a. caballo. b. barco. c. cañón. d. playa. e. hundir.

11. a. Desembarcan en las nuevas tierras el 13 de marzo, no el 23 de abril. b. Los indios están asustados porque los españoles tienen caballos y cañones. c. Los indios regalan a los españoles veinte mujeres, no cinco, y oro. d. Cortés ofrece a su amigo Hernández de Puertocarrero, no a

su secretario Alcaraz, una joven india llamada la Malinche. e. El país que los españoles quieren conquistar no es pobre, es muy rico.

13. aguas negras; cielo naranja; plan oscuro; playa blanca; mar azul.

14. sireido → miedo; melo → rico; femunden → hunden; toridar → conquistar.

15. a. Tenochtitlán. b. Moctezuma. c. sangre. d. oro. e. Txalcae.

16. a. hermosa. b. lago. c. puentes. d. anchas. e. oro. f. dioses.

18. a. porque quieren liberarse de los aztecas. b. porque la Malinche les dice que estos indios quieren matarlos. c. porque piensan que Cortés es un dios. d. porque estos no comprenden sus ritos religiosos. e. porque piensa que un rey libre puede ser peligroso.

19. a. Los campos son ricos en flores. b. El agua corre por los campos. c. Las montañas se pierden en la oscuridad. d. El cielo pinta todo el campo. e. El sol se hunde entre las montañas.

20. 1. a. 2. d. 3. b. 4. c. 5. e.

21. a. Soldados españoles. b. En el templo de los aztecas. c. Estatuas de los dioses aztecas. d. Están destrozando el templo. e. Porque los españoles no están de acuerdo con los ritos religiosos de los aztecas. f. Una lucha entre los aztecas y los españoles.

24. a. El gran teucalli. b. De pan, sangre y corazones de hombres. c. Los dioses de los aztecas. d. En una iglesia.

25. a. españoles. b. Velasco. c. Moctezuma. d. ritos. e. matan.

26. 1. c. 2. b. 3. e. 4. a. 5. f. 6. d.

27. Alcaraz: Preocupación por la enemistad entre españoles y aztecas. Cuauhtémoc: Odio hacia Cortés. La Malinche: Rencor hacia los aztecas. Cortés: Tristeza por la muerte de sus hombres.

29. Situación: Moctezuma habla al pueblo azteca desde la terraza de la casa de los españoles, pero el pueblo azteca lo ataca con piedras y lo llama «mujer de los españoles». Causa: Los aztecas no confían en él

porque vive con los españoles. Consecuencia: Moctezuma queda gravemente herido y muere poco después. Los españoles planean huir porque saben que los aztecas los atacarán.

30. iluminada → oscura; deprimido → contento; feliz → triste.

31. Casi un año y medio: tiempo que ha transcurrido entre la huida de Tenochtitlán de los españoles y su regreso. Siete años: tiempo que ha pasado desde que Alcaraz salió de España. 13 de agosto de 1521: el día de la conquista definitiva de Tenochtitlán.

32. a. V. b. F. c. F. d. No se sabe. e. V.

33. a. <u>Pregunta</u>: ¿Por qué luchan los aztecas? b. <u>Pregunta</u>: ¿Por qué mata a Alcaraz el hermano de Txalcae? c. <u>Pregunta</u>: ¿Qué desea decirle Alcaraz a su señor, Hernán Cortés?

34. a. Deja su vida tranquila en Cuba y va a México para conquistar el país, y allí morirá, poco después de su llegada. b. Cortés demuestra tener un carácter fuerte y decidido, y parece ser una persona que desea fama y gloria con sus conquistas. c. Él y su pueblo piensan que los españoles son dioses y que deben ser tratados como tales. d. Sí, porque la Malinche siente mucho rencor hacia los aztecas, ya que mataron a su familia, y ahora ella desea su destrucción. e. Porque es la sangre de una persona sacrificada. La Malinche, al ver la sangre, recuerda la muerte de su familia, sacrificada por los aztecas.

35. Francisco de Alcaraz ha sabido ver siempre el lado bueno y malo de las cosas, y se ha mostrado amable y cordial con los aztecas, y respetuoso con su forma de vida. También se ha mostrado fiel a su señor, pero ha sabido ver cuándo este se equivocaba.

37. Punto de partida: Al principio de la historia, Alcaraz y su señor, Cortés, viven en Cuba. Acción que desencadena el viaje: Un día, Cortés descubre que el gobernador Velázquez desea conquistar México, y por eso decide viajar allí antes que él, para conquistar el país con sus soldados. Llegada a las nuevas tierras: Cortés y sus hombres llegan a México el 12 de marzo de 1519. Anécdotas: Los indios los reciben con

amabilidad, y les regalan mujeres y oro porque creen que son dioses. Llegada a Tenochtitlán: Los españoles llegan a Tenochtitlán y conocen a sus habitantes, los aztecas, y a su rey, Moctezuma. Conflictos con los aztecas: Los españoles no están de acuerdo con los ritos religiosos de los aztecas. Eso crea problemas. Los españoles huyen de la ciudad, pero regresan en un año y medio. Desenlace: Finalmente, los españoles conquistan Tenochtitlán, en agosto de 1521. Alcaraz muere en los enfrentamientos.

38 y 39. a. *mexicas*. b. chile. c. náhuatl. d. chocolate. e. coyote. f. cacahuete.

NOTAS

Estas notas proponen equivalencias o explicaciones que no pretenden agotar el significado de las palabras y expresiones siguientes, sino aclararlas en el contexto de *La ciudad de los dioses*.

m.: masculino, *f.:* femenino, *inf.:* infinitivo.

1. **isla** *f.:* tierra rodeada de agua por todas partes.

2. **gobernador** *m.:* jefe de una ciudad o territorio, que representa al gobierno.

3. **cuarto** *m.:* habitación de una casa.

4. **indios** *m.:* habitantes de América. Colón los llamó así por pensar que había llegado a las Indias (Oriente).

5. **expedición** *f.:* aquí, viaje de un grupo de españoles en busca de nuevas tierras.

6. **aztecas** *m.:* pueblo que dominaba México antes de la llegada de los españoles. Los aztecas llegaron a México en el siglo XI, cuando la civilización tolteca estaba ya en decadencia, y crearon un gran imperio con su centro en la ciudad de Tenochtitlán. Cuando llegaron los españoles, su poder se extendía por gran parte de México, Guatemala, El Salvador y Nicaragua.

7. **hermoso:** muy bonito.

8. **lago** *m.:* gran extensión de agua rodeada de tierra por todas partes.

9. **conquistar:** en la guerra, ganar un país, una ciudad, una posición, etc. La conquista es la acción de conquistar.

10. **voz** *f.:* sonido que produce una persona al hablar o cantar.

11. **barcas** *f.:* barcos pequeños que sirven para navegar cerca de la costa o en los ríos.

12. **emocionado:** agitado por un sentimiento, en general intenso, de placer o de dolor.

¹³ **espada** *f.:* arma blanca, larga y cortante.

¹⁴ **cañones** *m.:* armas de fuego, transportadas sobre ruedas, que lanzan proyectiles muy pesados.

¹⁵ **madera** *f.:* parte de los árboles que se utiliza para fabricar objetos, en particular muebles y, antiguamente, también armas.

¹⁶ **disparad** (*inf.:* **disparar**): aquí, haced funcionar (los cañones).

¹⁷ **explosión** *f.:* aquí, fuerte ruido que se produce cuando disparan los cañones.

¹⁸ **plan** *m.:* intenciones, proyecto.

¹⁹ **regalos** *m.:* objetos dados a una persona para demostrarle afecto o consideración, para darle las gracias o por otro motivo.

²⁰ **sorpresas** *f.:* cosas o situaciones que no esperábamos. También, impresiones que estas producen en nosotros.

²¹ **orden** *f.:* palabras que expresan la voluntad de un jefe o de un superior.

²² **hemos huido** (*inf.:* **huir**): hemos escapado para alejarnos del peligro.

²³ **hemos descubierto** (*inf.:* **descubrir**): aquí, hemos entendido, nos hemos dado cuenta de algo que no sabíamos.

²⁴ **hemos hundido** (*inf.:* **hundir**): hemos hecho desaparecer (aquí, bajo el agua).

²⁵ **se esconden** (*inf.:* **esconder[se]**): se retiran a un lugar secreto, donde nadie los puede ver.

²⁶ **sangre** *f.:* líquido rojo que circula por las venas y las arterias de las personas y de los animales.

²⁷ **puentes** *m.:* aquí, construcciones hechas de madera para cruzar por encima del lago.

²⁸ **camino** *m.:* aquí, viaje, dirección que se sigue.

²⁹ **han luchado** (*inf.:* **luchar**): aquí, han peleado con armas. La lucha es la acción de luchar.

³⁰ **odio** *m.:* fuerte antipatía que se siente hacia una persona, que lleva a desearle grandes males y a alegrarse de sus desgracias.

³¹ **corazón** *m.:* órgano del cuerpo que regula la circulación de la sangre. Simboliza el centro de las emociones.

³² **besan** (*inf.:* **besar**): dan un beso.

³³ **palacio** *m.:* casa grande y rica donde vive un rey o un noble.

[34] **sacerdotes** *m.:* hombres que realizan los servicios de una religión.

[35] **sacrificios** *m.:* aquí, acción de sacrificar víctimas humanas a los dioses. Los indios piensan ganarse el favor de los dioses ofreciéndoles la vida, el corazón y la sangre de una persona.

[36] **rebelarse:** levantarse contra el poder, oponerse a la autoridad.

[37] **estrellas** *f.:* cuerpos celestes que brillan por la noche.

[38] **templo** *m.:* edificio público para el culto religioso.

[39] **estatuas** *f.:* esculturas que, en general, representan personas o animales.

[40] **Noche Triste** *f.:* históricamente, recibe este nombre la noche del 30 de junio de 1520, durante la cual los españoles salieron de Tenochtitlán. En la lucha murieron 870 de los 1200 españoles que querían escapar, y un gran número de indios.

Títulos ya publicados de esta Colección

Nivel 1

¡Adiós, papá! ÓSCAR TOSAL
El misterio de la llave. ELENA MORENO
La sombra de un fotógrafo. ROSANA ACQUARONI
Soñar un crimen. ROSANA ACQUARONI
Una mano en la arena. FERNANDO URÍA
Mala suerte. HELENA GONZÁLEZ VELA Y ANTONIO OREJUDO
El sueño de Otto. ROSANA ACQUARONI

Nivel 2

El hombre del bar. JORDI SURÍS JORDÀ Y ROSA MARÍA RIALP
En piragua por el Sella. VICTORIA ORTIZ
La chica de los zapatos verdes. JORDI SURÍS JORDÀ
La ciudad de los dioses. LUIS MARÍA CARRERO
El libro secreto de Daniel Torres. ROSANA ACQUARONI
Asesinato en el Barrio Gótico. ÓSCAR TOSAL
El señor de Alfoz. M.ª LUISA RODRÍGUEZ SORDO
De viaje. ALBERTO BUITRAGO
* *La corza blanca.* GUSTAVO ADOLFO BÉCQUER
* *Rinconete y Cortadillo.* MIGUEL DE CERVANTES

Nivel 3

* *Don Juan Tenorio.* JOSÉ ZORRILLA
* *El desorden de tu nombre.* JUAN JOSÉ MILLÁS
* *La Cruz del Diablo.* GUSTAVO ADOLFO BÉCQUER
* *Marianela.* BENITO PÉREZ GALDÓS
* *La casa de la Troya.* ALEJANDRO PÉREZ LUGÍN
* *Lazarillo de Tormes.* ANÓNIMO
El secreto de Cristóbal Colón. LUIS MARÍA CARRERO
Pánico en la discoteca. FERNANDO URÍA

Nivel 4

Carnaval en Canarias. FERNANDO URÍA
* *El oro de los sueños.* JOSÉ MARÍA MERINO
* *La tierra del tiempo perdido.* JOSÉ MARÍA MERINO
* *Las lágrimas del sol.* JOSÉ MARÍA MERINO
* *La muerte y otras sorpresas.* MARIO BENEDETTI
* *Letra muerta.* JUAN JOSÉ MILLÁS
* *Sangre y arena.* VICENTE BLASCO IBÁÑEZ

Nivel 5

* *Pepita Jiménez.* JUAN VALERA
* *Aire de Mar en Gádor.* PEDRO SORELA
* *Los santos inocentes.* MIGUEL DELIBES

Nivel 6

* *Los Pazos de Ulloa.* EMILIA PARDO BAZÁN
* *La Celestina.* FERNANDO DE ROJAS
* *El Señor Presidente.* MIGUEL ÁNGEL ASTURIAS

* *Adaptaciones*